A mi hija
con amor
sobre las cosas importantes de la vida

Edición especial actualizada
con nuevos poemas

A mi hija con amor

con amor

sobre las cosas importantes de la vida

Edición especial actualizada
con nuevos poemas

Susan Polis Schutz

Diseñado e ilustrado por
Stephen Schutz

Artes Monte Azul™

SPS Studios, Inc., Boulder, Colorado

Número de tarjeta de catálogo de la Biblioteca del Congreso: 2001049279
ISBN: 0-88396-608-5

Algunas marcas comerciales son usadas por licencia.

Elaborado en China
Primera impresión en español de esta edición encuadernado: Octubre de 2001

✪ Este libro se imprimió en papel reciclado.

Este libro está impreso en papel vergé de alta calidad, de 80 lbs, estampado en seco.
Este papel ha sido producido especialmente para estar libre de ácido (pH neutral) y no contiene madera triturada ni pulpa no blanqueada. Cumple todos los requisitos de American National Standards Institute, Inc., lo que garantiza que este libro es duradero y podrá ser disfrutado por generaciones futuras.

Datos de publicación del sistema de catálogo de la Biblioteca del Congreso

Schutz, Susan Polis.
    [To my daughter with love. Spanish]
    A mi hija con amor : sobre las cosas importantes de la vida / Susan Polis Schutz;
    diseñado e ilustrado por Stephen Schutz.—Edición especial actualizada con nuevos poemas.
        p. cm.
    ISBN 0-88396-360-4
    ISBN 0-88396-608-5 (libro encuadernado)
    1. Mothers and daughters—Poetry. I. Schutz, Stephen. II. Title.

PS3569.C556 T618 2001
811'.54—dc21

                                2001049279
                                    CIP

SPS Studios, Inc.
P.O. Box 4549, Boulder, Colorado 80306, EE.UU.

ÍNDICE

*Este libro escrito con mucho amor está dedicado
a mi hermosa hija, Jordanna Polis Schutz
y a mi extraordinaria madre, June Polis,
en la ocasión especial de su jubilación.*

*También, deseo expresar mi más profundo amor
a mis dos maravillosos hijos, Jared y Jorian
y, por supuesto, a Stephen, mi perfecto compañero
en la vida y en el amor.*

INTRODUCCIÓN

Cuando di a luz a mi hija, Jordanna, nunca imaginé la muy especial relación que podía existir entre una madre y una hija. En la medida en que ella fue creciendo y empezó a entender más acerca de ser una mujer, sentí como si yo misma estuviera pasando otra vez por todas las etapas del crecimiento. Sentí un fuerte impulso de protegerla de todo cuanto pudiera herirla, pero me di cuenta de que, si lo hacía, la heriría más tarde porque no se hallaría preparada para encarar la realidad. En lugar de protegerla, traté de mostrarle y de explicarle lo que yo consideraba que eran las cosas más importantes de la vida.

Nuestra relación madre-hija se compone de una muy profunda comprensión y un gran apoyo de una por la otra, y está basada en una enorme cantidad de sentimiento y de amor. No hay en el mundo otra relación en la cual dos mujeres se sientan tan unidas.

Susan Polis Schutz
Introducción de la edición original (1985)

Originalmente, cuando escribí este libro, mi hija era una niña pequeña. Ahora, de pronto, se ha transformado en una hermosa joven mujer que está a punto de irse de casa para concurrir a la universidad.

Las emociones que conlleva este paso del tiempo con Jordanna me llevaron a escribir poemas nuevos, que se incluyen en esta edición especial actualizada de A mi hija con amor. Relata mi filosofía, mis preocupaciones, mi amor y mis sentimientos más profundos hacia Jordanna, desde que era bebé y a través de los años de escuela secundaria.

El próximo año, cuando Jordanna se encuentre lejos de su hogar, este libro le recordará que no importa dónde se encuentre, porque el hogar está donde residen el amor y el corazón.

Susan Polis Schutz (1997)

A mi hija

Mi día se vuelve siempre maravilloso
cuando veo
tu hermoso rostro sonriendo con tal dulzura
Tal es el calor y la inteligencia
que de ti emanan
Parece que cada día
te haces más sabia y más hermosa
y cada día
estoy más orgullosa de ser tu madre
Al cruzar las distintas etapas de la vida
deberías saber que habrá muchas veces
en que te sentirás asustada y confusa
pero con tu fuerza y tus valores
terminarás siempre más sabia
y surgirás de tus experiencias
comprendiendo más a la gente y a la vida
Yo ya crucé
esas etapas
Así es que si necesitas consejo o alguien con quien hablar
para hallarle un sentido a las cosas
espero que hables conmigo
ya que siempre estoy tras el rastro de tu felicidad
mi dulce hija
y te amo

A mi hija, con amor,
sobre las cosas importantes de la vida

*U*na madre trata de dar a su hija
una visión sobre las cosas más importantes de la vida
para que su vida sea
tan feliz y plena como sea posible

Una madre trata de enseñar a su hija
a ser buena, siempre servicial con los demás
a ser justa, siempre equitativa con los otros
a tener una actitud positiva en todo momento
a enmendar siempre las cosas que están mal
a conocer cuáles son sus talentos
a proponerse metas
a no tener miedo de trabajar demasiado para alcanzar
    sus metas...

(continúa)

...Una madre trata de enseñar a su hija
a que persiga muchos intereses
a que ría y se divierta cada día
a que aprecie la belleza de la naturaleza
a que haga amistad con la gente buena
a que respete a sus amistades
    y sea siempre buena amiga
a que aprecie la importancia de la familia
y especialmente a respetar y amar
    a nuestros ancianos
a usar en todo momento la inteligencia
a escuchar las propias emociones
a seguir sus propios valores

Una madre trata de enseñar a su hija
a no tener miedo de ser leal a sus creencias
a no seguir a la mayoría
    cuando la mayoría se equivoca
a planificar cuidadosamente una vida para sí misma
a seguir con vigor la senda elegida
a relacionarse con alguien digno de ella misma
a amar a esa persona incondicionalmente
    con su cuerpo y su mente
a compartir con esa persona
    todo lo que la vida le ha enseñado...

Si te he dado una visión
sobre la mayoría de estas cosas
entonces he triunfado
como madre
en lo que esperé alcanzar al educarte
Si muchas de estas cosas se nos escaparon
mientras estábamos tan atareadas
tengo el presentimiento de que aun así las sabes
De una cosa sin embargo estoy segura
te he enseñado a estar orgullosa del hecho
de ser mujer igual a cualquier hombre y
te he amado cada segundo de tu vida
Te he apoyado en todo instante
y como madre, como persona y como amiga
continuaré siempre queriendo y amando
todo lo tuyo
mi hermosa hija

Te amo cada minuto de cada día, mi hermosa hija

Hoy te miré
y vi los mismos bellos ojos
que me miraron con amor
cuando eras bebé
Hoy te miré
y vi la misma bella boca
que me hizo llorar cuando por primera vez me sonreíste
cuando eras bebé
No hace tanto tiempo
que te tenía en mis brazos
largo rato después de haberte dormido
y yo seguía meciéndote
toda la noche
Hoy te miré
y vi a mi hermosa hija
no como bebé
sino como una hermosa persona
pletórica de emociones y sentimientos
y metas e ideas
Cada día me emociona
verte crecer
Y quiero que siempre sepas que
en los buenos y los malos tiempos
yo te amaré
y que hagas lo que hagas
pienses lo que pienses
digas lo que digas
podrás confiar
en mi apoyo, consejo
amistad y amor
cada minuto de cada día
Soy feliz siendo tu madre

Te quiero tanto, mi hermosa hija
Querría que te vieras
como los demás te ven —
una persona sensata, bonita, afectuosa, inteligente
con todas las cualidades necesarias
para llegar a ser una mujer plenamente realizada
Sin embargo a veces pareces
tener una mala opinión de ti misma
Te comparas desfavorablemente
con otros
Querría que te juzgaras a ti misma
conforme a tus propias reglas
y que no fueras tan dura contigo misma
Espero el día
en que te mires al espejo
y por primera vez en tu vida
descubras la extraordinaria persona
que en realidad eres
y veas cuánto
se te ama y aprecia
Te amo tanto
mi hermosa hija
por siempre tu madre
y amiga

Espero que tendrás
tanta confianza en ti misma
como la que nosotros
te tenemos.

El verdadero significado de la amistad

lgunos serán tus amigos
por tus relaciones
Algunos serán tus amigos
por tu posición
Algunos serán tus amigos
por tu aspecto
Algunos serán tus amigos
por tus posesiones
Pero los únicos amigos de verdad
serán aquellos que te den su amistad
porque les gusta como eres dentro de ti

Trata de elegir
con cuidado tus amistades.
Asegúrate de que
sean dignas de ti.

Sé que últimamente
has tenido problemas
y sólo quiero que sepas
que puedes confiar en mí
para cualquier cosa
que puedas necesitar
Pero más importante aún
recuerda en todo instante
que eres muy capaz
de encarar cualquier problema
que te presente la vida
Así es que
haz lo que debas hacer
piensa lo que debas pensar
y recuerda
que todos
maduramos y
nos hacemos más sensibles y
más capaces de gozar de la vida
después de haber pasado
por malos tiempos

uerida hija
has surgido de un tiempo
erizado de problemas
más sensata, más feliz
y más inteligente
Me siento tan orgullosa de la manera
como te condujiste
de cómo hallaste las soluciones acertadas
y de la energía que pusiste para seguirlas
Ya no tengo que preocuparme de ti
Eres muy capaz de conducir tu propia vida
y sé que cualquier decisión
que tomes
estará acertada
Imagínate lo feliz que esto me hace
Eres una maravillosa persona y
una preciosa hija
Te amo profundamente

El amor es
   ser feliz cuando el otro es feliz
   estar triste cuando el otro está triste
   estar unidos en los buenos tiempos
      y estar unidos en los malos tiempos
   El amor es la fuente de la solidaridad

El amor es
   ser honesta contigo misma todo el tiempo
   ser honesta con el otro todo el tiempo
   diciendo, escuchando, respetando la verdad
   y jamás fingiendo
El amor es la fuente de la realidad

El amor es
   una comprensión tan completa que
   te sientes como una parte
      del otro
   aceptando al otro
      tal como es
   sin tratar de cambiarlo
      para que sea otra persona
El amor es la fuente de la unidad

El amor es
   la libertad para perseguir tus propios deseos
   al tiempo que compartes tus experiencias
      con el otro
   el crecimiento de una persona junto a la otra
El amor es la fuente del éxito

El amor es
   la emoción de planificar las cosas juntos
   la emoción de hacer cosas juntos
El amor es la fuente del futuro

El amor es
   la furia de la tempestad
   la calma del arco iris
El amor es la fuente de la pasión

El amor es
   dar y recibir en la vida diaria
   ser paciente con las recíprocas
      necesidades y deseos
El amor es la fuente del compartir

El amor es
   saber que el otro
   estará siempre contigo
      pase lo que pase
   echar de menos al otro cuando está lejos
   pero permaneciéndole unido en el corazón
      en todo momento
El amor es la fuente de la seguridad

El amor es
   la
fuente
   de la
vida

El amor es la emoción más importante que jamás tendrás. Espero que seas capaz de abrirte a un bello amor. He tratado de expresar lo que significa el amor para mí. Tú descubrirás tu propio significado.

Hallar la persona acertada para amar
es tan importante
El amor surge naturalmente
pero ambos debéis trabajar
para que dure
y poner vuestro máximo esfuerzo
en todo momento
para ser justo y honesto con el otro

Lucha por tus propias metas
y ayuda a tu compañero a alcanzar las suyas
Siempre trata de comprenderlo
Siempre dale a conocer lo que estás pensando
Siempre trata de apoyarlo
Trata de fundir
vuestras vidas
con la libertad necesaria
para crecer como individuos
Siempre considera cada día de vuestras vidas
como un día especial
Ocurra lo que ocurra
en vuestras vidas
asegúrate de que vuestra
relación florezca siempre
y de que siempre
os améis y respetéis el uno al otro

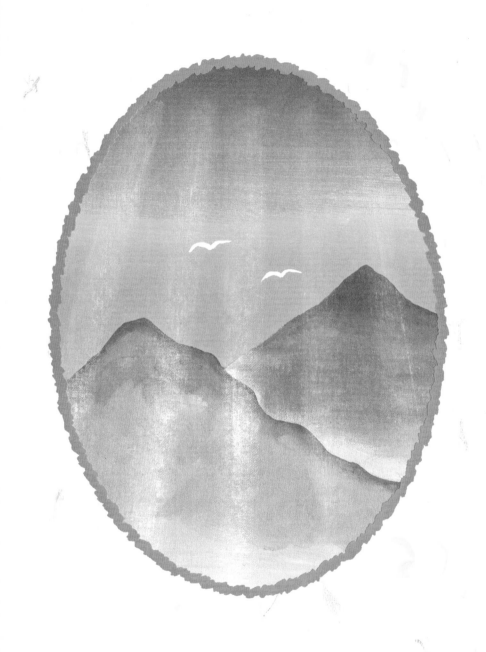

No temas
amar a alguien
total y completamente
El amor es la emoción
más satisfactoria y bella del mundo
No temas
ser herida
o que el otro
no te ame igualmente
Hay un riesgo en
todo lo que haces
y no hay recompensas mayores
que las del amor
Comprométete entonces
completa y honestamente
y regocíjate con la posibilidad
de que cuanto ocurra
puede que sea la única y real
fuente de felicidad

*M*i querida hija
soy tan feliz
de que hayas nacido en una época
en la cual las mujeres
están tan conscientes de lo que ocurre
y no tienen siempre
que estar luchando tan duramente por hacerse oír
El mundo está abierto de par en par
para que seas lo que quieras
Será arduo
pero por lo menos
hallarás a otras mujeres
en lucha por las mismas cosas
y no te llamarán "loca"
por desear alcanzar tus ideales
Aunque la total igualdad
está aún lejos
ciertamente han habido cambios
que harán tu vida de mujer
menos estereotipada y recluída
Vives en una época
en la cual la mujer
por fin está creciendo
para llegar a ser
todo lo que puede ser
Mi querida hija
te he visto jugar con
muñecas y camiones
con balones y ranas
y te imagino
mi linda niña
como una hermosa mujer
en pleno control de su vida

Es muy difícil
para una mujer
tener éxitos profesionales
unos hijos felices y
una plena vida personal

Cuando van al trabajo
la mayoría de las mujeres se sienten culpables
porque no están con sus hijos
Cuando están con sus hijos
la mayoría de las mujeres se sienten culpables
porque tienen que hacer su trabajo
Y si queda tiempo
para asuntos personales
la mayoría de las mujeres se sienten culpables
porque no están cuidando
ni las necesidades de sus hijos
ni las de su trabajo

Para que una mujer
pueda hacer con éxito
todo lo que quiere hacer
debe delegar las cosas
que no quiera hacer —
y su marido debe compartir con igualdad
todas las responsabilidades de la familia
Si no
todos los deberes de la mujer
la dejan demasiado cansada y frustrada
para gozar de la vida
Y eso no es justo

uchas mujeres
con las cuales he
hablado últimamente
me dicen que se sienten
extremadamente frustradas
por ser amas de casa
que su trabajo diario
es tan insignificante
que no están empleando
su inteligencia...
Estas mujeres deberían
hacer algo
que las interesara
pero también deberían
darse cuenta de que
ser una buena madre es un
trabajo extremadamente importante
y de que sólo porque la sociedad
dice que educar niños
es una tarea servil
no es razón para creerlo
En verdad muchas creencias que la sociedad
impone al individuo
están equivocadas
Las mujeres tienen que darse cuenta
de que hagan lo que hagan
será importante
si lo hacen bien

*U*na mujer obtendrá sólo aquello que se proponga
Tienes que escoger con cuidado tus metas
Saber lo que te gusta
y lo que no te gusta
Sé crítica severa de lo que puedes hacer bien
y de lo que no puedes hacer bien
Escoge una carrera o una forma de vida que te interese
y trabaja duro para que sea un éxito
pero diviértete a la vez en lo que haces
Sé honesta con la gente
    y ayuda si puedes
pero no dependas de nadie para que la vida
    te sea más fácil o más feliz
(nadie podrá hacer eso por ti)
Sé fuerte y decidida
pero manténte sensible
Considera a tu familia, y la idea de familia
como base de la seguridad, el apoyo y el amor
Comprende quién eres
y qué quieres en la vida
antes de compartir tu vida con otro
Cuando estés lista para una relación
fíjate que esa persona sea digna de
todo lo que tú eres física y mentalmente
Lucha por lograr lo que tú quieras
Descubre la felicidad en todo lo que hagas
Ama con todo tu ser
Ama con un alma desinhibida
Haz un triunfo
de cada aspecto
de tu vida

Halla felicidad
en todo lo que hagas.

33

No debemos
escuchar lo que
los demás quieren
que hagamos
Debemos escucharnos
a nosotros mismos
No necesitamos
seguir los caminos ajenos
y no necesitamos
fingir ciertos estilos de vida
para impresionar a los demás
Sólo nosotros sabemos
y sólo nosotros podemos hacer
lo que es bueno para nosotros
Así es que empieza ahora mismo
Tendrás que trabajar
muy duramente
Tendrás que vencer
muchos obstáculos
Tendrás que encarar
el juicio de mucha gente
y tendrás que superar
sus prejuicios
Pero podrás obtener
lo que quieras
si lo intentas con suficiente energía
Empieza ya mismo para que
puedas vivir una vida
ideada por ti y
para ti —
una vida que te merezcas

Sólo tú
puedes
escoger
la forma
de vida
que deseas
seguir.

Vive tu mundo de sueños

póyate contra un árbol
y sueña tu mundo de sueños
  Trabaja firme en lo que quieras hacer
  y trata de vencer todos los obstáculos
  Ríete de tus errores
  y felicítate por aprender de ellos
  Coge algunas flores
y aprecia la belleza de la naturaleza
Saluda a los desconocidos
y disfruta con la gente que encuentres
No temas mostrar tus emociones
reír y llorar te harán sentirte mejor
Ama a tus amistades y a tu familia con todo tu ser
Son la parte más importante de tu vida
Siente la calma de un callado día de sol
y piensa en lo que quieres alcanzar en la vida
Encuentra un arco iris
y vive tu
mundo de sueños

*Ten siempre sueños.
Siempre trata de
hacerlos realidad.*

Eres una de esas pocas personas
cuyos sueños se harán realidad

*L*o que hace triunfar a las personas
es el hecho que tienen confianza en sí mismas
y una gran determinación en sus propósitos
Nunca tienen excusas para no hacer algo
y siempre luchan por alcanzar la perfección
Nunca toman en cuenta la idea de fracasar
y trabajan muy duro por sus ideales
Saben quiénes son
y conocen sus propias debilidades
tan bien como sus virtudes
Pueden aceptar la crítica y beneficiarse de ella
y saben cuándo defender lo que hacen
Son personas creativas
que no temen ser algo diferente
Tú eres una de estas pocas personas
y es muy emocionante observarte
avanzar por tu senda hacia el triunfo
siguiendo tus sueños
y haciéndolos realidad

Siempre estoy aquí contigo

Sospecho que
estás pensando en algo
que te molesta
Por favor comparte cualquier problema
que puedas tener
con alguien (no importa con quién)
porque si guardas estos problemas dentro de ti
no podrás seguir tras
tus pensamientos y actividades
con todas tus fuerzas
ni podrás gozar
de todas las grandes cosas de la vida
porque los problemas, sean grandes o pequeños
suelen dominar nuestros pensamientos
Eres una persona tan maravillosa
que siempre deberías estar alegre
y libre de preocupaciones inoportunas

Quiero recordarte que
siempre estoy a tu lado para
escucharte y comprenderte
y si alguna vez me necesitas
siempre estaré aquí para ti

veces te hablo
sin saber a ciencia cierta
qué estás pensando
Es tan importante
que comuniques tus emociones
Hablar con alguien
Escribir tus sentimientos
Crear algo en base a tus sentimientos
pero no guardártelos
Nunca tengas miedo
de ser honesta con la gente
y sobre todo nunca tengas miedo
de ser honesta contigo misma
Eres una persona tan
interesante, sensata, inteligente
que tanto tiene que compartir
Quiero que sepas
que vayas donde vayas
hagas lo que hagas
pienses lo que pienses
siempre podrás contar
conmigo, tu madre
para una completa y absoluta
comprensión
apoyo
y amor
para siempre

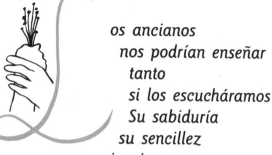

os ancianos
nos podrían enseñar
tanto
si los escucháramos
Su sabiduría
su sencillez
sus experiencias
sus muchos años de vida
Necesitamos
que vivan con nosotros
con nuestras familias
que nos enseñen a nosotros
y a nuestros hijos
todo lo que saben
que nos amen
y nos permitan
amarles
y ayudarles
cuando lo necesiten
Una familia
no está completa
sin sus miembros
más ancianos

s tan
  estimulante
  el amor
  de una familia

Es tan
reconfortante
el calor
de una familia

Es tan
alentador
el apoyo
de una familia

La actitud
de una familia
hacia cada uno de sus miembros
moldea
su actitud hacia el resto del mundo
para siempre

Hija mía, quiero que vivas una vida de amor

*T*e trajimos a este mundo
una hermosa niña
nacida del amor
quien un día
llegaría a ser
una hermosa mujer llena de amor

Intenté enseñarte
todo lo que es importante
Intenté mostrarte
cómo ser fuerte y sincera, dulce y sensible
Intenté explicarte
la importancia de lograr tus propósitos
Intenté expresarte
la necesidad de acercarse a la gente
Intenté recalcar
la hermosura de la naturaleza
Intenté demostrar
la extrema importancia de la familia
y también intenté, cada día, ser un ejemplo
que tú pudieras seguir

Cuando te trajimos a este mundo
no pensé en cómo
puede ser todo destruido en unos minutos
en un mundo sin paz
en un mundo de armas nucleares

Te enseñé el amor
en un mundo a veces lleno de odio
porque sólo el amor puede destruir el odio
antes que el odio nos destruya a nosotros

Mucho me apena, mi linda hija
que estas fuerzas destructivas
hayan llegado hasta ti
Todas las madres
y todos los padres
de todo el mundo
se deben unir para
dedicarnos a
terminar con la violencia y así
resolver los problemas
Debemos hacerlo para poder asegurarte
hija mía, y a todos los niños
que podrás crecer
escalando montañas
corriendo por campos floridos
para poder asegurarte
que tendrás la oportunidad de crecer
en una vida
de paz y
de amor

*res un brillante
ejemplo de lo que puede
ser una hija —
amorosa y compasiva
hermosa y bondadosa
honesta y noble
decidida e independiente
sensible e inteligente
Eres un brillante
ejemplo de lo que toda
madre desearía que fuera
su hija
y me siento tan
orgullosa
de ti*

*S*i te conoces bien
y has aprendido
a confiar en ti misma
Si eres sincera contigo misma
y sincera con los demás
Si le obedeces a tu corazón
y eres leal a tus verdades
estás lista para compartir tu vida
estás lista para fijar tus metas
estás lista para hallar la felicidad
Y mientras más ames
y mientras más des
y mientras más sientas
más recibirás
del amor
y más recibirás
de la vida

Mientras más libre seas
con tus emociones
y sentimientos, más capaz serás
de dar y de recibir
amor.

veces piensas
que necesitas
ser perfecta
que no puedes
equivocarte
En esos momentos
pones tanta presión
sobre ti
Quisiera que
te dieras cuenta de
que eres
capaz
como todo el mundo
de alcanzar grandes alturas
pero incapaz
de ser perfecta
Así es que, por favor
haz lo mejor que puedas
y comprende que
ello es suficiente
No te compares
con nadie
Conténtate con ser
la maravillosa
única y muy especial
persona que eres

*U*n amigo es
alguien que se interesa
por todo lo que haces

Un amigo es
alguien que se interesa
por todo lo que piensas

Un amigo es
alguien a quien acudes
en los buenos tiempos

Un amigo es
alguien a quien acudes
en los malos tiempos

Un amigo es
alguien que comprende
todo lo que haces

Un amigo es
alguien que te dice la verdad
sobre ti misma

Un amigo es
alguien que sabe
lo que te ocurre en todo momento

Un amigo es
alguien que se niega a escuchar
habladurías sobre ti

Un amigo es
alguien que te apoya
siempre

Un amigo es
alguien que no compite
contigo

Un amigo es
alguien que se alegra sinceramente
cuando las cosas te van bien

Un amigo es
alguien que trata de alegrarte
cuando las cosas no van bien

Un amigo es
una parte de ti misma
sin la cual
no te sientes completa

Todo el mundo necesita
a lo largo de su vida
de alguien que le dé su apoyo.
Espero que tengas al menos
un amigo para toda la vida.
He tratado de definir
lo que un amigo es para mí...

Mi hija

Desde que naciste
has sido un complemento
tan hermoso
para nuestra familia
Ahora que estás creciendo
puedo ver
que eres un hermoso
complemento para el mundo
y me siento tan
orgullosa de ti
Cuando te miramos
atareada en tus cosas
sabemos que encontrarás
la felicidad y el éxito
porque confiamos
en tu habilidad
en tu conocimiento de ti misma
en tus valores
Pero si necesitas estímulo
o alguien con quien hablar
sobre problemas
que pueden ocurrir
siempre estaremos aquí
para ayudarte
para comprenderte
para apoyarte
y para amarte

Me encanta tu hermosa sonrisa,
hija mía

A veces te veo
confundida
A veces te veo
preocupada
A veces te veo
dolorida
y me siento tan triste
e inútil
desearía liberarte de
esos sentimientos
para que todo fuera mejor
pero sé que esos sentimientos
te ayudarán para que madures
y entiendas mejor la vida
Esos sentimientos te ayudarán
a ser más sensible
Y así, cuando observe tus ojos
que todo me lo dicen
te ofreceré toda mi
comprensión y mi apoyo
Te ofreceré mis
lágrimas y mi amor
Te ofreceré
la promesa de que tu bella
sonrisa pronto volverá

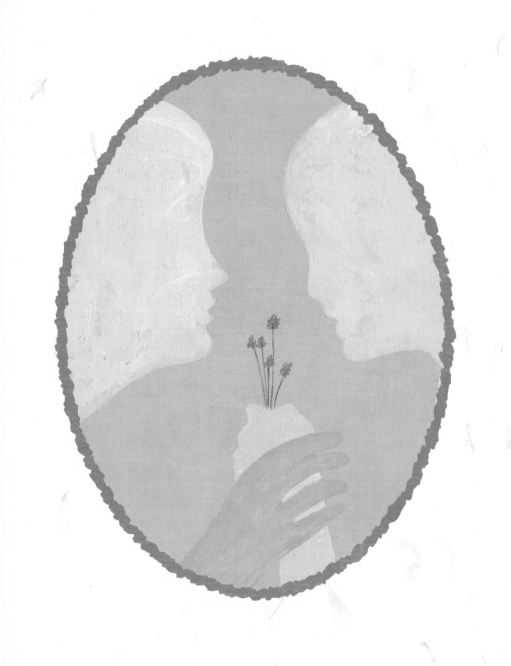

Hija mía
cuando naciste
te tenía entre mis brazos
y no paraba de sonreírte
Tú siempre me devolvías la sonrisa
con tus grandes ojos bien abiertos
llenos de amor
Ahora
mientras te veo crecer
y ser persona
te miro
tu risa
tu alegría
tu sencillez
tu belleza
y me pregunto qué será de ti
en quince años
y me pregunto
qué será del mundo
en quince años
Sólo espero que podrás
gozar de una vida
emotiva
buena
plena
y llena de amor
en un mundo en paz
Pero más que nada
quiero que sepas
que estoy orgullosa de ti
y que te quiero profundamente

¿Qué es una hija?

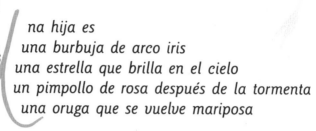

na hija es
una burbuja de arco iris
una estrella que brilla en el cielo
un pimpollo de rosa después de la tormenta
una oruga que se vuelve mariposa

Una hija es
cabello que vuela al viento
mejillas sonrosadas que brillan al sol
ojos grandes llenos de sueños

Una hija es
una maravilla
una dulzura, un secreto, un arte
una percepción, un deleite

Una hija es
todo lo que es hermoso
Una hija es
amor

Para mi hija, con todo mi amor

antas veces
me haces preguntas
y tus grandes y hermosos ojos
me miran
con confianza, confusión
e inocencia
Siempre espero que mis
respuestas te ayuden a seguir el
camino correcto
Aunque siempre he querido protegerte
y tomar por ti
las decisiones difíciles
es importante que no interfiera
para que aprendas de tus propias experiencias
y adquieras confianza en tu propio juicio
Existe una línea sutil
que define cuándo una madre
da demasiados o pocos consejos a su hija
Espero haber logrado el equilibrio correcto
Siempre he querido decirte
cuán honrada me siento
cuando pides mi opinión
Agradezco la confianza que tienes en mí y
quiero que sepas
que confío plenamente en ti
que estoy muy orgullosa de ti
al ver cómo te estás convirtiendo
en una mujer joven inteligente, independiente y sensible
Te quiero mucho

Desde que naciste
has sido un torbellino
de movimiento perpetuo
Tu energía es interminable
Tu mente no tiene fronteras
Quieres tocar, oler, sentir y hacerlo todo
Quieres vivir la vida plenamente
Pero no olvides
que eres extraordinariamente creativa
y para que la creatividad florezca
se precisa cierta cantidad
de quietud y paz
En ocasiones deberás
calmar tu energía
detener tu movimiento
y dejar que el movimiento perpetuo de tu mente
cruce nuevas fronteras
mientras te envuelve el bálsamo de quietud
del espíritu y del alma

Princesa

onstantemente
demuestras tu
increíble inteligencia, creatividad
y capacidad de trabajo
Tus logros
se multiplican
Haz alcanzado
alturas
muy superiores a tu edad
Estoy tan orgullosa de ti
Tu noble sentido moral —
a pesar del mundo
Tu fortaleza —
frente a la debilidad de otros
Y tu sensibilidad —
frente a la frialdad de otros
Eres una persona muy especial
porque sabes
mantenerte firme en tus principios
Creo que has descubierto
quién eres, pero —
quiero estar segura de que
estés en contacto
con tu corazón y tus emociones
y también con tu intelecto
para que puedas desarrollar
las relaciones estrechas que
junto con tus logros
te harán verdaderamente feliz

Tu faceta tierna y sensible
tendrá que combinarse con tu
faceta mundana
Y deberás aprender a
hacer caso omiso de las palabras hirientes
y de las alabanzas excesivas
Tú, solamente
haz de juzgar tu vida
Espero que
en el futuro tengas
más tiempo para ser libre
y hacer lo que quieras
Tú eres un alma muy creativa
que necesita volar
Me encanta el
respeto y la amistad que
hemos descubierto
entre nosotras
Es tan delicioso
conversar y pasear
contigo
Tenemos mucho en común —
con frecuencia vemos cosas
que otros no perciben
olemos cosas
que otros no huelen
observando y comprendiendo las oscuras
peculiaridades y características de las personas
Me encanta estar contigo, Princesa
y te amo

Recuerdo tan bien
cuando tenías once meses y
saltabas la barandilla de tu cuna
y corrías alegremente a mi cuarto
deleitándote en tu nueva libertad
Recuerdo tan bien
tu suave cabello delicado
acariciando tus enormes ojos inquisitivos
tus pequeños labios de pimpollo
abiertos a la risa
y tus mejillas sonrosadas de sol
en la porcelana de tu rostro de bebé...
Eso fue hace diez y seis años
y aunque parezca que hace mucho tiempo
eres la misma ahora
pero más alta y mayor
Tu cabello todavía
acaricia tus ojos enormes —
ojos que brillan de
inteligencia e inocencia
Tus pequeños labios de pimpollo hablan
grandes palabras e ideas sofisticadas
y con frecuencia ríen cínicamente
de lo que te parece cómico
Tus mejillas ahora sonrosadas
por los deportes al aire libre
y tu piel sigue siendo
tan suave y delicada

Y ahora
tu búsqueda de la libertad y la felicidad
te ha conducido lejos de la cuna
de diez y seis años atrás
y cada día adquiere nuevas dimensiones
a medida que encuentras tu senda
Siempre te esfuerzas tan intensamente
para dar lo mejor de ti
entregando tu mente y tu corazón
a las nuevas posibilidades exploradas
Yo observo con orgullo tu trayecto
y sé que dondequiera que te conduzca
tendrás éxitos sobresalientes
y diversión, dicha y desafíos
porque en tu búsqueda inteligente
de la libertad
descubrirás
tu propia
razón para el esfuerzo
el significado para tu corazón
y el propósito para tu vida

Hija mía,
estoy tan orgullosa de ti

Cada día
me asombro
de escucharte hablar
con tanta inteligencia
Tu sabiduría crece
y crece
como creces tú
Eres tal deleite
tal dicha
una persona tan hermosa
El amor que leo
por mí en tus ojos
es tan emocionante y gratificante
y espero que tú
veas y sientas
el amor infinito que tengo por ti
Lo que tú hagas
dondequiera lo hagas
recuerda siempre que
yo siempre estoy
a tu lado
para todo

Me alegro
de que puedas
ser sincera
aun cuando sea muy difícil
No importa lo que hagas en la vida
con tal que seas honesta
contigo y con los demás
las cosas se solucionarán
Siempre podrás
caminar erguida
y como resultado
tu vida estará
llena de paz interior y felicidad
Como tu madre
eso es lo que te deseo
Si alguna vez necesitas hablar
con alguien
recuerda que
una madre muy orgullosa
está siempre lista para escuchar
sin juzgar
Te amo

Eres una persona tan sobresaliente
y espero que nada cambie jamás
tu belleza interior
A medida que crezcas
recuerda que siempre
debes mirar el mundo como lo haces ahora —
con sensibilidad
honestidad
compasión
y un toque de inocencia
Recuerda que las personas y las situaciones
no siempre son
lo que parecen
pero si tú eres fiel a ti misma
todo estará bien
Con tu actitud, verás
lo bueno en todo
y ello se reflejará en ti
Cuando miro hacia el futuro
veo felicidad para ti a todo nivel
y estoy tan contenta
porque eso es lo que toda madre
desea para su hija
Te amo

Marcarás una diferencia en el mundo

on frecuencia me sorprendo de tu fortaleza
al no dejarte llevar por
la moral y las tendencias actuales
Veo otros adolescentes —
que recorren la vida sin metas
y sé que tu trayecto
es duro y solitario
porque es difícil ser distinta
en un mundo de conformistas
donde es fácil seguir la corriente
Desafortunadamente, muchas personas
se dejan dominar por conductas
que las llevan de edad en edad
sin ninguna idea creativa
Es tan importante para las personas
elegir cómo conducir sus vidas
Y porque tú lo has hecho
tus relaciones y logros
serán verdaderamente merecidos
y aunque no haya muchas personas
con quienes te identifiques
las personas que encuentres
serán aquellas
que se destacan en la multitud
Ellas, como tú, son aquellas
que marcarán una diferencia
en el mundo
con sus sueños y sus acciones

res tan modesta
que no sabes ni crees
cómo te ven los demás
y en cierto modo, eso es lindo
La gente te respeta y te admira
Te ven extremadamente
inteligente y culta
fuerte y tenaz
creativa e innovadora
sensible y gentil
moral y honorable
bella y bonita
divertida y ocurrente
atlética y vigorosa
Te ven como
una líder
una pensadora
una hacedora
Creo que posees todos
estos atributos y más
y ni siquiera lo sabes
por eso eres modesta
y en cierto modo, eso es lindo
Las palabras no pueden expresar
cuán orgullosa estoy de ti
Sólo mi corazón puede mostrarte
cuánto te amo

A mi maravillosa hija

*V*erte feliz —
riendo y bailando
sonriendo y contenta
persiguiendo tus propias metas
cumpliendo lo que te propusiste
pasándolo bien contigo misma y con tus amistades
capaz de amar y de ser amada
es lo que siempre quise para ti

Hoy pensé en tu hermoso rostro
y sentí tus ganas de vivir
y tu genuina felicidad
y yo me sentí estallar de orgullo
al comprobar que mis sueños para ti
se habían hecho realidad
Qué extraordinaria persona te has vuelto
y mientras sigas creciendo
por favor recuerda siempre
lo mucho
que te quiero

Hija...

Cuando necesites hablar
con alguien
espero que hables
conmigo

Cuando necesites reír
con alguien
espero que rías
conmigo

Cuando necesites que alguien
te aconseje
espero que
recurras a mí

Cuando necesites que alguien
te ayude
espero que me dejes
ayudarte

Atesoro y amo
todo lo que tú eres —
mi hermosa hija
Y siempre te apoyaré
como madre, como persona
y como amiga

Siempre estaremos contigo

Es tu último año en el hogar
luego irás a la universidad
nueva gente
nuevos ambientes
nuevos conocimientos
Sé que tú quieres
absorber sabiduría deslumbrante
de las torres de marfil
de mentes preclaras
pero ¿tienes la fortaleza para
abandonar los ámbitos
familiares de tu
hogar lleno de amor y
el ambiente de tu pequeña ciudad?
No temas
Tienes la fuerza
de tus creencias y valores
que te dará seguridad
en cualquier situación
que te encuentres
porque sabrás hacerte cargo —
seleccionando las mejores facetas
y evitando las peores
Es el momento, cariño —
tu mente necesita nuevos desafíos
tu alma necesita nuevas almas gemelas
Y siempre recuerda que
tu familia te ama profundamente
Dondequiera que estés
allí estaremos contigo —
en tu cuarto, en la biblioteca, donde estés —
en nuestra mente y nuestro corazón
Te amo

SOBRE LOS AUTORES

Susan empezó su carrera de escritora a los siete años publicando un periódico para sus amistades en el pequeño pueblo rural de Peekskill, en el estado de Nueva York, donde creció. Al alcanzar su adolescencia, comenzó a escribir poesía como un medio para entender sus sentimientos. Para Susan, escribir sus pensamientos y emociones aportaba lucidez y entendimiento a su vida, y hoy recomienda vivamente a todos este sistema. Continuó escribiendo durante sus estudios y graduación en la Universidad de Rider, en la cual se tituló en Inglés y Biología. A continuación participó en un curso de fisiología para graduados y, al mismo tiempo, enseñaba a alumnos de la escuela primaria en Harlem y escribía artículos como periodista independiente para diversos periódicos y revistas. Recientemente, Susan recibió un Doctorado Honoris Causa en Jurisprudencia de la Universidad de Rider.

Stephen Schutz, nativo de Nueva York, pasó sus primeros años estudiando dibujo y caligrafía en el HIGH SCHOOL OF MUSIC AND ART de la ciudad de Nueva York. Luego pasó al M.I.T. en el cual recibió su título de Física. Durante este tiempo continuó con su gran interés en el arte tomando clases en el BOSTON MUSEUM OF FINE ART. Después ingresó en la Universidad de Princeton y recibió su doctorado en Física Teórica.

Susan y Stephen se encontraron por primera vez en una recepción en Princeton, en el año 1965. Así empezó su relación sentimental. Participaron juntos en marchas para la paz y en demostraciones anti-bélicas para expresar su firme sentir en contra de la guerra y en contra de cualquier destrucción. Recorrieron en motocicleta los campos de Nueva Jersey y pasaron muchas horas juntos al aire libre gozando del profundo afecto que sentían el uno por el otro y del amor que ambos sentían por la naturaleza. Soñaban despiertos acerca de cómo debía ser la vida.

Susan y Stephen se casaron en 1969 y se fueron a Colorado para empezar su nueva vida en las montañas. Susan continuó con sus artículos en casa y Stephen se dedicó a la investigación de la energía solar en un laboratorio. En los fines de semana comenzaron a experimentar imprimiendo las poesías de Susan acompañadas por las ilustraciones de Stephen. Lo hacían en el sótano de la casa. Tanto les encantaba trabajar juntos que pronto llegó a desagradarles el horario de nueve a cinco que los separaba todos los días laborales de la semana dado que ejercían diferentes oficios. No tardaron mucho en darse cuenta que estar juntos, no sólo los fines de semana, sino todo el tiempo, era lo más importante, y así Stephen renunció a su puesto de investigador en el laboratorio. Empacaron su camioneta sin olvidar los posters que habían hecho con los poemas de Susan y dieron comienzo a un año de viajes vendiéndolos por los pueblos y ciudades del país. Su amor por la vida y de uno por el otro, que tan generosamente comunicaban, emocionó al público.

La gente quería más de los profundos pensamientos de Susan sobre la vida, el amor, la familia, la amistad y la naturaleza presentados con los colores resonantes de emotividad y ritmo del arte altamente sensible de Stephen. Y así, en 1972, en respuesta a una increíble demanda del público, se publicó su primer libro, COME INTO THE MOUNTAINS, DEAR FRIEND (Querido amigo, ven a las montañas), y empezó su célebre historia. Hoy, después de 32 años de matrimonio y de compartir todo su tiempo juntos, Susan y Stephen continúan compartiendo su amor con todos nosotros.

Además de este libro, Susan ha escrito 10 obras de enorme venta en su país. Los poemas de Susan se han publicado en más de 350 millones de tarjetas y en numerosas publicaciones nacionales e internacionales, también en textos escolares y universitarios. Ha editado libros de otros muy conocidos autores y fue co-autora de un libro sobre salud femenina titulado TAKE CHARGE OF YOUR BODY (Responsabilícese de su cuerpo). Susan continúa trabajando en su autobiografía y también compone música. Actualmente, graba sus poemas en cassettes con acompañamiento de música contemplativa como fondo.

Además de diseñar e ilustrar todos los libros de Susan, el arte de Stephen complementa las palabras de muchos autores conocidos. Crea bellas tarjetas postales y calendarios con sus transparentes mezclas de acuarela, sus hermosas pinturas al óleo y su original caligrafía. Stephen es un fotógrafo consumado y continúa sus estudios de física como afición. Sus conocimientos de los principios de la física lo llevaron a crear, en 1993, los Estereogramas 5-D™, arte innovadora, generada por computadora, que contiene imágenes multidimensionales ocultas que parecen "nacer a la vida". Recientemente Stephen recibió una patente en este campo. Su logro creativo más reciente es el desarrollo de un sitio web mundial, en el cual los usuarios del Internet pueden personalizar tarjetas interactivas con animación y enviarlas por vía electrónica a otros usuarios en todo el mundo.

Susan y Stephen tienen tres hijos. Pasan todo su tiempo con su familia en todo lo que hacen. Juntos, Stephen y Susan participan en muchos deportes, tales como escalar montañas, nadar en el océano y hacer esquí de fondo a lo largo de la Divisoria Continental. La mitad de su tiempo la emplean en viajar y la otra mitad en trabajar juntos en su estudio en Colorado. Al crear sus palabras, los poemas, el ritmo y el arte que han llegado a emocionar al mundo entero, mantienen una atmósfera de alegría, amor y espontánea creatividad, abriendo los corazones y enriqueciendo la vida de más de 500 millones de personas en todos los países, en todas las lenguas, en todas las culturas. En verdad, nuestro mundo es un lugar más feliz por esta pareja perfecta y bellamente unida de Susan Polis Schutz y Stephen Schutz.

Susan Polis Schutz y Stephen Schutz   Foto por Rocky Thies

Susan Polis Schutz y Stephen Schutz
con su hija

Foto por Jorian

Jordanna